BEEREN

LANDHAUSKÜCHE

BEEREN

LANDHAUSKÜCHE

Von Sharon Kramis

Fotos von Kathryn Kleinman

Aus dem Englischen von Susanne Dickerhof-Kranz

Bearbeitet von Marion Morawek

CARLSEN

Dieses Buch ist eine Sammlung von beerenreichen Sommererinnerungen.
Ich widme es der Erinnerung an James Beard, der üppige Beerenfelder liebte.

2. Auflage 1996
5.–7. Tausend

Die Originalausgabe erschien unter dem Titel
Berries: A Country Garden Cookbook bei Collins Publishers, San Francisco.

Published by arrangement with Collins Publishers,
a division of Harper Collins Publishers Inc.
Lektorat: Ursula Steffens
Druck und Bindung: Grafiche AZ, Verona
ISBN 3-551-85028-3
Printed in Italy

INHALT

Liebesgabe

Erdbeern, Erdbeern, die noch selten standen,
Vorn im Jahre, mühsam noch zu finden,
Brach ich einzeln, einzeln, wieder einzeln,
Bis ich eine kleine Summe hatte.
Legte alles drauf auf grüne Blätter,
Brachte sie dem Liebsten, dem ich diene.
Und der Liebste nahm in seine Hand sie,
In die schöne Hand und dankte flüchtig,
Führte alles drauf zu seinem Munde,
Zu dem schönen Munde, schnell genießend.
Ach, die armen kleinen Dinger, dran ich pflückend
Mancherlei Gedanken, Lieb' und Leiden
Abgezählet, waren bald verschwunden:
Lieb' und Leiden aber nachgeblieben!
Aber Lieb' und Leiden riefen beide:
O wie süß, im Liebsten zu verschwinden!
Drauf kehrt' ich zurück und pflückte wieder
Kleine Beeren, die noch selten stehn.

Karl Thorbecke

EIN WORT VORWEG

Schon 5000 Jahre vor Christi Geburt kannten die Menschen Beeren – sie gehören zu den frühesten Nahrungsmitteln der Menschheit, und das Sammeln von Beeren geht mit dem Beginn der Menschheitsgeschichte einher. Das Beerensammeln übt auf die meisten Menschen einen besonderen Reiz aus. Fast jeder würde sagen, daß selbstgepflückte Beeren besser schmecken als alle gekauften. Und selbst wenn man weiß, daß weder Zeit noch Geräte zum Einkochen von Marmelade oder Kompott vorhanden sind – kaum jemand wäre davon abzuhalten, trotzdem Beeren zu pflücken, zu sammeln, mitzunehmen.

Beeren aller Art hat es im eurasischen Raum ebenso gegeben wie auf dem amerikanischen Kontinent, und seit es zwischen beiden Handelsverbindungen gibt, werden Beerensträucher unterschiedlichster Herkunft gekreuzt. Das Ergebnis: Es gibt kaum noch eine Beerensorte, die rein amerikanisch oder rein eurasisch ist. Dem Beerenfreund ist das ohnehin egal. Er pflückt die Beeren, wo er sie findet, sei es im Wald oder auf extra dafür angelegten Feldern, kauft große Körbe voll Beeren auf dem Markt oder pflanzt gar im eigenen Garten ein paar Beerensträucher an.

Schon immer hatten die Menschen den Wunsch, die empfindlichen Beeren mit ihrer kurzen Saison für den Winter zu konservieren. Ursprünglich konnten sie nur getrocknet werden, wofür aber nicht alle Früchte gleichermaßen gut geeignet sind. Erst mit der Verbreitung des preiswerten Zukkers kam die zweite, sehr viel attraktivere Vorratstechnik zum Einsatz: das Einkochen mit viel Zucker zu Marmelade, Konfitüre und Kompott. In dieser Form werden heute die meisten Früchte verzehrt. Und obwohl in den Geschäften jede Menge Konfitüren aller Art angeboten werden, ist es immer wieder ein besonderes Vergnügen, seine eigenen Vorräte mit ganz speziellen Kombinationen und Würzungen herzustellen und in die Regale einzuordnen.
Aber das allergrößte Beeren-Vergnügen bleibt doch das einfachste: Beeren, frisch gepflückt, noch an Ort und Stelle essen und genießen!

WISSENSWERTES ÜBER BEEREN

Auswahl
Wählen Sie immer glatte, runde, feste Früchte von gleichmäßiger Farbe, denen man ansieht, daß sie frisch gepflückt sind. Einmal geerntete Beeren reifen nämlich nicht mehr nach, sie behalten den Reife- (oder Unreife)grad, zu dem sie gepflückt wurden. Immer darauf achten, daß keine matschigen Beeren dabei sind!

Waschen
Wenn es notwendig ist – und nur dann – die Beeren in einem Sieb leicht abduschen, um den Sand abzuspülen. Anschließend vorsichtig über Küchenpapier rollen lassen, um sie zu trocknen. Erdbeeren erst waschen und dann die Stiele abzupfen, sonst verlieren die Früchte zuviel von ihrem Saft.

Lagerung
Am besten nehmen Sie eine Kühltasche mit, wenn Sie Beeren kaufen gehen, denn Beeren sind sehr empfindlich und werden bei Hitze schnell weich. Zu Hause die Beeren sofort sortieren und nicht einwandfreie wegwerfen. Eine matschige Beere kann den gesamten Korb voll Früchte verderben! Anschließend in eine Keramik- oder Glasschüssel füllen, mit Klarsichtfolie abdecken und in den Kühlschrank stellen. Besonders empfindliche Beeren auf Tabletts ausbreiten und kalt stellen. Zarte Beeren nie länger als 2 Tage aufbewahren. Blaubeeren, Stachelbeeren und Johannisbeeren sind etwas weniger empfindlich.

Einfrieren
Die Kältetechnik ermöglicht uns, auch im Winter auf Beerenvorräte zurückzugreifen. Zum Einfrieren ausschließlich einwandfreie und feste Früchte auswählen.
Am besten legt man sie einzeln auf ein Tablett mit Pergamentpapier und läßt sie gut durchfrieren. Anschließend vom Tablett lösen und in Beuteln oder Dosen lagern. Blaubeeren, Stachelbeeren und Johannisbeeren brauchen nicht vorgefroren zu werden, ebensowenig wie Preiselbeeren und Cranberries.
Erdbeeren hingegen sollte man in ein wenig Zucker wenden, bevor man sie einfriert, dann bleibt ihre Oberfläche fester.
Die Beeren gefroren oder leicht angetaut verarbeiten, sonst werden sie matschig.

Welche Beeren sollen es sein?
Bei vielen unserer Rezepte können Sie eine gegen die andere Beerenart austauschen. Das gilt vor allem für die Brombeeren mit ihren vielen Hybriden wie Boysenberries oder Loganberries, die bei uns nur selten zu haben sind. Man sollte aber jede Beerensorte vorher probieren, um eventuell die Zuckermenge verändern zu können.

Brombeeren

Die mit den Himbeeren verwandten Brombeeren sind bei uns erst seit dem vorigen Jahrhundert bekannt. Die meisten bei uns vorkommenden Sorten stammen aus Amerika. Gartenbrombeeren sind saftig und säuerlich, wobei die stachellosen Sorten gewöhnlich weniger aromatisch sind als die mit Stacheln. Am besten schmecken die wildwachsenden Sorten, die bei uns im Sommer auf dem Markt zu finden sind, weil in den Ländern des ehemaligen Ostblocks viel für den Handel gesammelt wird. Reife Beeren sind von dunkler Farbe, glänzen und haben weiche Zapfen, die sich aber, anders als bei Himbeeren, nicht aus der Frucht lösen lassen.

Brombeer-Hybriden

Die Brombeere ist besonders oft mit anderen Beeren, vor allem mit Himbeeren, gekreuzt worden. Einige der Hybriden gibt es nur in Amerika, andere kommen mittlerweile auch bei uns auf den Markt. Die größte Auswahl findet man in den Katalogen der Gärtnereien, die viele dieser Sorten für den privaten Garten anbieten.

Boysenberries sind eine Kreuzung von Loganberries mit Himbeeren und haben spätreife, sehr aromatische Früchte. *Loganberries* sind zuerst 1881 gezüchtet worden. Ebenfalls ein Kreuzungsprodukt von Brombeere und Himbeere, sind sie länglich, süß und saftig. *Marionberries* gibt es bisher bei uns nicht. Sie sind dunkel, länglich und besonders saftig. *Olallieberries* sind schwarz, fest und besonders gut zum Kochen geeignet. Auch *Tayberries* sind aus Brombeeren und Himbeeren gekreuzt. Die dunkelroten Beeren gelten als besonders gute Früchte zum Backen und für Konfitüre.

Cranberries

Man nennt sie bei uns auch Kulturpreiselbeeren. Sie sind sehr viel größer und haben festere Häute als unsere einheimischen Varianten. Sie werden in den USA und in Kanada vor allem auf Plantagen kultiviert und industriell geerntet. Man kann sie ohne weiteres längere Zeit lagern. Man verwendet Cranberries überall da, wo man Preiselbeeren verwenden kann – und umgekehrt.

Erdbeeren

Obwohl bei uns immer noch eine wilde Erdbeersorte, die Walderdbeere, wächst, ist die Gartenerdbeere mit ihr nur weitläufig verwandt. Diese ist eine Züchtung aus amerikanischen Sorten. Seit etwa zweihundert Jahren wächst die große, aromatische Frucht in unseren Gärten und ist zu einer der Lieb-

lingsfrüchte der Europäer geworden. Die Sortenvielfalt ist ungeheuer. Leider wurde bei den Züchtungen der letzten Jahre mehr Wert auf Haltbarkeit und Transporteignung gelegt als auf Aromaverbesserung. Wer Erdbeeren einkauft, kann sich deshalb kaum auf Form oder Farbe verlassen: Das beste ist, eine Frucht zu kosten, bevor man größere Mengen zur Verarbeitung einkauft!
Die Walderdbeere ist, wenn man sie kauft, kaum zu bezahlen, denn sie ist selten und hochempfindlich. Wer in den Wäldern nach ihr sucht, sollte sie vorsichtig nach Hause tragen, nicht waschen (höchstens in etwas Wein abspülen) und pur, nur mit Schlagsahne, genießen!

Heidelbeeren
Keine andere Frucht hat so viele Namen: Blaubeere, Bickbeere, Schwarzbeere oder auch Waldbeere. Bei uns kommen durchweg aromaschwache Kulturheidelbeeren auf den Markt, die aus amerikanischen Pflanzen gezüchtet wurden. Sehr viel aromatischer, aber mühsam zu suchen, ist die Waldheidelbeere, die man am Waldrand und in Heidegebieten findet. Sie ist hocharomatisch und schmeckt am besten pur, nur mit Milch oder Schlagsahne serviert. In Amerika gibt es eine der Heidelbeere ähnliche Frucht, größer und herber, mit dem Namen Huckleberry.

Himbeeren
Diese hocharomatischen Früchte gibt es in einer wilden Art und einer Gartenversion, wobei die Gartenhimbeeren ebenfalls von intensivem Aroma sind. Allerdings sind sie extrem druckempfindlich und müssen mit äußerster Vorsicht behandelt werden. Bei reifen Früchten kann man den hellen Zapfen aus der Frucht lösen. Himbeeren sollten nie gewaschen werden, die Haut zerreißt dann sofort. Man sollte sie nur auf Befall mit Insekten oder Maden kontrollieren und zerdrückte sofort wegwerfen.
In Amerika gibt es Himbeeren in mehreren Farben, bei uns hat sich nur die gelbe Himbeere neben der roten durchsetzen können.

Johannisbeeren
Es gibt rote, weiße und schwarze Johannisbeeren. Die roten sind bei uns am meisten verbreitet, weiße gibt es fast nur aus Privatgärten. Beide Sorten sind saftig, säuerlich und aromatisch und ideale Partner für die milderen Himbeeren und Erdbeeren. Die schwarze Johannisbeere ist sehr sauer und herb im Geschmack, man mischt sie meistens mit anderen Früchten oder verwendet sie für Saft. In Frankreich heißt sie Cassis und ist Basis eines sehr populären Likörs.

Brombeeren
Heidelbeeren
Johannisbeeren
Cranberries

Boysenberries
Huckleberries
Stachelbeeren
Preiselbeeren

Marionberries
Loganberries
Erdbeeren

Schwarze Himbeeren
Gelbe Himbeeren
Olallieberries
Tayberries
Rote Himbeeren

Preiselbeeren
Preiselbeeren wachsen wild und sind im Herbst auf dem Markt zu bekommen, überwiegend aus Osteuropa oder der bayerischen Region. Sie sind extrem herb und müssen immer mit viel Zucker verarbeitet werden. Man kann sie bei allen Rezepten einsetzen, für die die Amerikaner Cranberries nehmen.

Stachelbeeren
Die grünen oder rötlichen Früchte sind oft kräftig behaart, es gibt aber auch glatte Sorten. Zum Kochen und vor allem zum Einkochen verwendet man die festen, noch unreifen grünen Stachelbeeren. Die süßen, reifen Früchte mit der festen Schale ißt man am besten roh, indem man das weiche Fruchtfleisch aus den Häuten saugt.

VORSPEISEN

Wenn die ersten Erdbeeren im Garten rot werden, beginnt der Sommer und damit die Beerenzeit. Bald folgen Himbeeren und Heidelbeeren, Brombeeren und Preiselbeeren, und mitten im Sommer gibt es dann beinahe alle Beeren gleichzeitig.
Eine schöne Zeit, um Freunde einzuladen und mit ihnen in den Genüssen des Sommers zu schwelgen – frischen Beeren, mit anderen sommerlichen Zutaten zu leichten, erfrischenden Gerichten komponiert.
Ob es die eiskalte Erdbeerkaltschale gibt oder die feinen Spießchen mit Schinken, denen die Beeren eine neue, sommerliche Leichtigkeit verleihen. Oder die raffinierten Salate mit Beeren, die im Sommer problemlos zu einer Hauptmahlzeit werden können. Der köstliche, selbstgemachte Beerenessig verleiht diesen Sommersalaten seine besondere Würze.
Und bevor der Sommer zu Ende ist, sammelt man Preiselbeeren, um zusammen mit Äpfeln die herben, spätsommerlichen Saucen und Kuchen zuzubereiten, die schon auf den Herbst hinweisen.

Erdbeerkaltschale mit Biskuit-Croûtons

Erdbeerkaltschale mit Biskuit-Croûtons

Diese Suppe ist ideal für ein sommerliches Picknick. Man kann sie gut gekühlt in ein Thermosgefäß füllen und mitnehmen.

500 g Erdbeeren, in Scheiben geschnitten
1 Banane, in vier Stücke zerteilt
¼ l Ananas- oder Orangensaft
1 Becher Sauerrahm
1 EL Himbeerlikör
2 Eiswürfel
1 Biskuittortenboden, in Würfel geschnitten
6 Zweige frische Minze zum Garnieren

Erdbeeren, Banane, Saft, Sauerrahm und den Likör im Mixer glatt pürieren.
Eiswürfel zugeben und kurz rühren, um die Flüssigkeit zu kühlen. Eiswürfel herausnehmen, bevor sie ganz schmelzen.
Den Grill des Backofens anheizen. Die Biskuitwürfel auf ein Backblech legen und etwa 6 Minuten unter den Grill schieben, dabei einmal wenden, damit sie gleichmäßig bräunen.
Die Kaltschale in kleine, gekühlte Schalen geben, mit den Biskuitwürfeln und der Minze garniert servieren.

Für 6 Personen

Melonenspießchen mit Prosciutto und Boysenberries

Die süße Honigmelone, der luftgetrocknete Schinken und die traubenähnlichen Boysenbeeren gehen hier eine ideale Geschmacksverbindung ein. Schon die Farben allein sind ein Augenschmaus.

½ reife Honigmelone
125 g Prosciutto (italienischer Schinken), hauchdünn geschnitten, dann in 4 cm breite Streifen geschnitten
6 Blätter frische Minze
6 große, frische Boysenbeeren (oder Erdbeeren)
frisch gemahlener schwarzer Pfeffer nach Geschmack

Die Melonenkerne entfernen, Melone mit der Schale nach oben auf ein Brett legen. Mit einem scharfen Messer der Krümmung der Melone folgen und die harte Schale abschneiden. In 4 cm dicke Würfel schneiden.
Melonenwürfel, S-förmig zusammengelegte Schinkenstreifen, Minzeblatt und Boysenbeere abwechselnd auf sechs Holzspieße stecken.
Die fertigen Spieße strahlenförmig auf einer runden Servierplatte anordnen und mit frisch gemahlenem schwarzen Pfeffer bestreut servieren.

Für 6 Personen

Sommerlicher Früchtecocktail

Sommerlicher Früchtecocktail

Im Sommer gibt es kaum etwas Schöneres als einen Obstsalat aus frischen, eiskalten Früchten.

1/4 Wassermelone
1 Kantalupe-Melone (z.B. Ogen- oder Charentais)
1 Honigmelone
Saft von 1 Limette
1/8 l eiskalter Champagner oder Sekt
200 g grüne, kernlose Trauben
200 g rote, kernlose Trauben
500 g Erdbeeren, entstielt und halbiert
125 g Blaubeeren

Melonen schälen, entkernen und mit einem Kugelausstecher Kugeln ausstechen. Melonenkugeln in eine Glasschüssel geben, mit Folie abdecken und mindestens 2 Stunden in den Kühlschrank stellen.
Vor dem Auftragen den frisch gepreßten Limettensaft darüber geben und mit Champagner auffüllen. Trauben, Erdbeeren und Blaubeeren dazugeben. Vorsichtig mischen.

Für 6 bis 8 Personen

Erdbeer-Spinatsalat mit gerösteten Mandeln

Ein Salat, von dem nie etwas übrigbleibt und von dem alle Gäste das Rezept haben möchten.

250 g frischer Blattspinat, geputzt, gewaschen und trockengeschleudert
50 g Mandelsplitter
250 g frische Erdbeeren, entstielt und in Scheiben geschnitten

Dressing:
1/2 Tasse Orangensaftkonzentrat (TK, unverdünnt, ersatzweise frischer Orangensaft)
1/2 Tasse Mayonnaise

Die Spinatblätter in mundgerechte Stücke zupfen und in eine Schüssel geben. Mit Folie abdecken und in den Kühlschrank stellen.
Die Mandeln in einer Pfanne ohne Fett goldbraun rösten. Abkühlen lassen.
Orangensaftkonzentrat und die Mayonnaise miteinander verschlagen.
Vor dem Servieren das Dressing über den Spinat geben und wenden, bis alle Blätter gut überzogen sind. Mit den Erdbeeren und Mandeln bestreuen.

Für 6 Personen

Himbeer-Essig

Man kann Fruchtessig auch aus jeder anderen Beerenart zubereiten, z.B. wildwachsenden Brombeeren, Boysenbeeren oder schwarzen Johannisbeeren. Selbstgemachter Fruchtessig ist ein ausgefallenes Geschenk und gibt Sommersalaten das gewisse Extra.

250 g frische, ganze Himbeeren (oder andere Beeren Ihrer Wahl)
200 g Zucker
1 l Weißweinessig
einige Zweige frischer Kräuter oder frische, eßbare Blüten (nach Wahl)

Für jedes Essigrezept sollte nur eine Fruchtsorte verwendet werden. Damit der Essig klar bleibt, nicht rühren oder schütteln.
Beeren, Zucker und Essig in einem großen Glas drei Wochen lang verschlossen an einem kühlen, dunklen Ort stehen lassen.
Vorsichtig durch ein Sieb in 2 Halbliter-Flaschen abgießen. Fruchtfleisch und Kerne wegwerfen. Jetzt können eßbare Blüten oder ergänzende Kräuter, z.B. Minzeblätter für dekorative Effekte nach Wunsch zugefügt werden. Flaschen verschließen und in den Kühlschrank stellen. Hier hält sich der Essig bis zu 3 Monaten.

Ergibt 2 Halbliter-Flaschen

Unser Tip: *Die meisten Beerenfrüchte bleichen im Essig aus. Frische Cranberries, mit Knoblauchzehen auf Holzspieße gesteckt, behalten jedoch ihre Farbe.*

Salat aus Himbeeren, Blauschimmelkäse und gerösteten Walnüssen

Frische Sommersalate sind eine Delikatesse, wenn sie mit Himbeeressig, gerösteten Walnüssen, Blauschimmelkäse und würzigen Beeren gemischt werden.

Himbeer-Vinaigrette:
2 Schalotten, fein gewürfelt
1 EL Dijonsenf
4 EL Himbeer-Essig
2 EL Balsam-Essig
2 EL Honig
2 EL frisch gepreßter Orangensaft
1/4 l Olivenöl

Salat:
75 g Walnüsse
4 Tassen diverses Salatgrün (Lollo Rosso, Kopfsalat, Endivie, Eichblatt oder Radicchio), gewaschen, zerzupft und trockengeschleudert
75 g Blauschimmelkäse, zerkrümelt
125 g frische Himbeeren

Schalotten mit dem Senf und den beiden Essigsorten in einer mittelgroßen Schüssel vermengen. Honig und Orangensaft dazugeben und kräftig verrühren. Olivenöl hineinträufeln und gut verrühren, bis die Mischung sämig ist.

Ergibt etwa ½ Liter Vinaigrette

Den Backofen auf 175 Grad C vorheizen. Walnüsse auf einem Backblech etwa 15 Minuten rösten. Abkühlen lassen und grob hacken.
Die Salatblätter in einer großen Salatschüssel mit ½ Tasse Himbeervinaigrette vermengen. Auf 4 Teller verteilen und mit zerbröseltem Käse, frischen Himbeeren und gerösteten Walnüssen bestreuen. *Für 4 Personen*

Sandwiches mit gegrilltem Hähnchenfleisch und Cranberry-Relish

Das Relish ist die perfekte Beilage zu einem Hähnchenfleischsandwich. Man kann es separat essen oder auf dem Sandwich verstreichen.

Cranberry-Orangen-Apfel-Relish:
500 g Cranberries
2 Granny-Smith-Äpfel, entkernt und grob gewürfelt
2 Orangen mit Schale, geviertelt und grob gewürfelt
400 g Zucker

1 mittelgroßes Brathähnchen, circa 1,5 kg
Salz und frisch gemahlener schwarzer Pfeffer nach Geschmack
4 EL Olivenöl
1 EL Zitronenschale, in feine Streifen geschnitten
Saft von 1 Zitrone, durchgeseiht
4 TL frischer Thymian (oder 2 TL getrocknet)
2 TL frischer Rosmarin (oder 1 TL getrocknet und zerstoßen)
1 TL frischer Majoran (oder ½ TL getrocknet)
2 Knoblauchzehen, durchgepreßt

1 Baguette, in 8 Stücke geteilt und aufgeschnitten
Mayonnaise nach Geschmack
Butter nach Geschmack
einige Stiele Brunnenkresse

Zunächst die Cranberries in der Küchenmaschine oder im Mixer zerkleinern. In eine mittelgroße Schüssel geben.
Äpfel und Orangen ebenfalls zerkleinern und zu den Cranberries geben. Den Zucker dazugeben und sehr gut mixen. Einige Stunden in den Kühlschrank stellen. Das Relish kann eingefroren oder bis zu 4 Wochen im Kühlschrank aufbewahrt werden.

Ergibt etwa 5 Tassen

Den Backofen auf 225 Grad C vorheizen.
Das Hähnchen mit Salz und Pfeffer einreiben. Olivenöl, Zitronenschale und -saft, Kräuter, Knoblauch und etwas Pfeffer in einer kleinen Schüssel vermengen. Das Hähnchen großzügig innen und außen mit der Marinade bestreichen. Hähnchen auf den Bratrost in der Bratpfanne legen. Restliche Marinade über das Hähnchen gießen. 1 Tasse Wasser in die Bratpfanne geben. In den Ofen schieben und auf 175 Grad C herunterschalten.
1 ½ Stunden braten, Hähnchen alle 20 Minuten mit dem Bratensaft bestreichen, bis das Fleisch gar ist.
Sandwiches vorbereiten. Je eine Baguettescheibe mit Mayonnaise, die andere mit Butter bestreichen. Fleisch des frisch gebratenen Hähnchens von den Knochen lösen und auf die gebutterten Brotscheiben verteilen. Mit Brunnenkresse belegen und mit Relish bestreichen. Mit der anderen Baguette-Scheibe zudecken.

Unser Tip: *Bedeutend schneller geht dieses Rezept, wenn man ein fertiges Brathähnchen kauft.*

Ergibt 8 Sandwiches

BEILAGEN

Am besten schmecken alle Beeren frisch gepflückt, von der Hand in den Mund. Aber wenn im Sommer die Beeren überall reif sind, wenn die Erdbeerplantagen das Selbstpflücken anbieten und die Kinder mit Körben voller Brombeeren aus dem Wald zurückkehren, ist es Zeit, an den Winter zu denken und Beeren einzukochen.

Kaum eine Hausfrau wird sich dieses Vergnügen nehmen lassen, und es wird kaum eine geben, die nicht Stolz empfindet, wenn die Regale sich mit Vorratsgläsern füllen. Damit es keine unangenehmen Überraschungen gibt, sollte man beim Einkochen allerdings darauf achten, daß alle zu verwendenden Geräte peinlich sauber sind und neben dem Herd bereitliegen, bevor das große Einkochen beginnt.

Und wenn das nächste Mal Gäste zum Frühstück oder zum Brunch kommen, können Sie stolz Ihre selbstgemachten Konfitüren auf den Frühstückstisch stellen.

Im Uhrzeigersinn von links hinten:
Erdbeer-Konfitüre (Rezept Seite 32),
zwei Gläser mit Himbeer-Pflaumen-Konfitüre (Rezept Seite 33),
Konfitüre aus roten Himbeeren (Rezept Seite 33) und
Konfitüre aus Olallieberries (Rezept Seite 33)

Standardrezept für Erdbeer-Konfitüre

Diese Konfitüre wird mit flüssigem Geliermittel zubereitet und hat deshalb nur eine kurze Kochzeit.

Zubehör:
Ein großer Kochtopf mit schwerem Boden aus Kupfer oder Edelstahl
1 Meßbecher
1 große Schüssel
1 langstieliger Holzlöffel
1 langstieliger Metallöffel
Topflappen oder Kochhandschuhe und Baumwollgeschirrtücher
Zange, Messer
1-Liter-Topf zum Sterilisieren der Deckel
Haushaltsmixer oder Rührstab
Küchenwecker

Zutaten für die Erdbeerkonfitüre:
9 Viertelliter-Gläser mit passenden ›Twist-off‹-Deckeln (verwenden Sie nur neue Deckel)
1 kg Erdbeeren
1,4 kg Zucker
½ TL Margarine
1 Flasche flüssiges Geliermittel

Zum Sterilisieren Gläser ohne Spülmittel in der Spülmaschine waschen und in Geschirrtüchern warm halten. Deckel in einen kleinen Topf geben und 10 Minuten kochen. Kochstelle abschalten, aber Deckel warm halten.
Erdbeeren abbrausen, nicht bürsten. Grünen Blattkranz am oberen Fruchtende und sämtliche schlechten Stellen wegschneiden. Immer nur eine kleine Menge Erdbeeren in den Mixer geben. Sie sollen zerkleinert, nicht püriert werden. Vorgang wiederholen, bis alle Erdbeeren zerkleinert sind.
Erdbeeren und Zucker in einen großen Topf geben und gründlich vermengen. Erdbeermasse bei großer Hitze brodelnd aufkochen lassen. Margarine dazugeben und ständig rühren, während sie schmilzt. Unter heftigem Rühren das Geliermittel auf einmal dazugeben. Wenn die Masse wieder brodelnd aufkocht, 1 Minute lang rühren.
Topf von der Herdplatte nehmen. In den Ausguß stellen und mit dem Schaumlöffel jeglichen Schaum abschöpfen. Auf den Herd oder die Arbeitsplatte stellen.
Mit einem Meßbecher oder einer Schöpfkelle Gläser bis 3 mm unter den Rand füllen. Ränder mit einem feuchten Lappen abwischen. (Die Ränder müssen makellos sauber sein, weil die Gläser sonst nicht richtig abdichten.) Rasch die Deckel auflegen und fest zuschrauben. Gläser umgekehrt auf ein trockenes Geschirrtuch stellen. Zudecken und 5 Minuten stehenlassen. Gläser umdrehen. Mit einem großen Geschirrtuch zudecken und 8 bis 15 Stunden abkühlen lassen. An einem kühlen, dunklen Ort bis zu einem Jahr lagern. Angebrochene Gläser im Kühlschrank aufbewahren.

Ergibt 9 Viertelliter-Gläser

Variante: *Man kann auch Gelierzucker verwenden, dann braucht man weniger Zucker. Gelierzucker nimmt man im Verhältnis 1:1, also auf 1 kg Erdbeeren 1 kg Gelierzucker.*

Konfitüre aus roten Himbeeren

Wie Standardrezept für Erdbeer-Konfitüre, aber: Nehmen Sie 1,3 kg Zucker auf 500 g zerkleinerte Himbeeren.

Ergibt 9 Viertelliter-Gläser

Konfitüre aus Olallieberries

Wie Standardrezept für Erdbeer-Konfitüre, aber: Nehmen Sie 1,5 kg Zucker auf 500 g zerkleinerte Olallieberries.

Ergibt 9 Viertelliter-Gläser

Himbeer-Pflaumen-Konfitüre

Zwei Sommerfrüchte gehen hier eine harmonische Verbindung ein.

14 Viertelliter-Gläser mit Schraubdeckeln
1 1/4 kg feste, reife Pflaumen
350 g frische rote Himbeeren oder
500 g ungesüßte, tiefgefrorene Himbeeren
2 kg Zucker
1/8 l Zitronensaft
1/2 TL Margarine
1 Flasche flüssiges Geliermittel

Die Gläser und Deckel wie im Standardrezept für Erdbeer-Konfitüre vorbereiten.
Pflaumen abspülen, halbieren, die Steine entfernen. Mit der Küchenmaschine fein zerkleinern.
Pflaumen und Himbeeren in einen großen Topf geben. Zucker und Zitronensaft dazugeben und mit einem Holzlöffel gut vermengen. Die Fruchtmischung bei starker Hitze zum Brodeln bringen. Die Margarine dazugeben und unter ständigem Rühren schmelzen lassen. Das Geliermittel auf einmal dazugießen und dabei heftig rühren. Wenn die Mischung wieder zu brodeln beginnt, 1 Minute lang rühren. Topf vom Herd nehmen, in den Ausguß stellen und mit einer Schaumkelle jeglichen Schaum abschöpfen. Auf den Herd oder die Arbeitsplatte stellen.
Mit einem Meßbecher oder einer Schöpfkelle die Gläser bis 3 mm unter den Rand füllen. Die Ränder mit einem feuchten Lappen abwischen. (Die Ränder müssen makellos sauber sein, weil die Gläser sonst nicht richtig abdichten.)
Rasch die Deckel auflegen und fest zuschrauben. Die Gläser umgekehrt auf ein trockenes Geschirrtuch setzen. Zudecken und 5 Minuten stehenlassen. Gläser umdrehen. Mit einem großen Tuch abdecken und 8 bis 15 Stunden abkühlen lassen. An einem kühlen, dunklen Ort bis zu einem Jahr lagern. Angebrochene Gläser im Kühlschrank aufbewahren.

Ergibt 14 Viertelliter-Gläser

Schwedische Pfannkuchen

Diese Pfannkuchen sind traditionell bei den Skandinaviern beliebt. Man ißt sie mit Preiselbeer-Kompott.

3 Eier
¹/₄ l Milch
¹/₄ l Schlagsahne
150 g Mehl
6 EL Butter, zerlassen
¹/₂ TL Salz
Pflanzenöl zum Einfetten der Pfanne

Die Eier mit ¹/₈ l Milch in einer großen Schüssel 3 Minuten lang schlagen. Das Mehl dazugeben und zu einer glatten, schweren Masse verrühren. Die restliche Milch und Sahne darunter heben, bis sich die Zutaten miteinander verbinden, dann mit der zerlassenen Butter und dem Salz vermischen.
Eine gußeiserne Bratpfanne oder Crêpes-Pfanne mit Öl einpinseln. Wenn die Pfanne heiß ist, den Teig hineingießen. Nehmen Sie ungefähr 1 EL Teig pro Pfannkuchen. Jeder sollte einen Durchmesser von 7,5 cm haben. Backen Sie immer 4 Pfannkuchen gleichzeitig bei mittlerer Hitze. Nach etwa einer Minute oder wenn die Unterseite goldbraun ist, mit Hilfe eines Küchenspatels wenden und weitere 1 bis 2 Minuten backen. Mit einer der nebenstehenden Preiselbeer-Füllungen servieren.

Ergibt 18 Pfannkuchen

Preiselbeer-Füllungen und -Aufstriche

Für süße Varianten läßt sich Preiselbeerkompott auch wunderbar unter Schlagsahne heben oder mit Butter mischen.

Preiselbeer-Kompott:
500 g frische Preiselbeeren
¹/₈ l Wasser
250 g Zucker

Beeren putzen und waschen. In einem großen Topf bei mittlerer Hitze mit dem Wasser zum Kochen bringen. Von der Herdplatte nehmen und den Zucker einrühren. Gelegentlich rühren, bis die Fruchtmasse erkaltet. Mit einer Schaumkelle oder einem großem Metallöffel den Schaum abschöpfen. Das Kompott in Halbliter-Gläser füllen und bis zu zwei Wochen im Kühlschrank lagern. Oder in Gefrierbehälter geben und bis zu einem Jahr in der Tiefkühltruhe lagern. Bei Zimmertemperatur servieren.

Ergibt etwa ³/₄ Liter

Preiselbeer-Butter:
150 g Butter, weich
3 EL Preiselbeer-Kompott

Die weiche Butter cremig rühren. Die Preiselbeeren darunter mischen und servieren.

Preiselbeer-Sahne:
4 EL Preiselbeer-Kompott
1 Becher Schlagsahne (geschlagen)

Die Preiselbeeren unter die Sahne heben und servieren.

Preiselbeer-Sauce:
1 Tasse Preiselbeer-Kompott kräftig glattrühren, eventuell etwas Orangensaft zufügen.

Heidelbeer-Muffins mit Zitronenglasur

Muffins werden am besten, wenn man sie mit Pflanzenöl zubereitet. Sie schmecken besonders gut mit säuerlichen, dicken Heidelbeeren.

1/8 l Maiskeimöl
2 Eier
200 g Zucker
1 EL abgeriebene Zitronenschale
2 EL frisch gepreßter Zitronensaft
270 g Mehl
3 TL Backpulver
1/2 TL Salz
200 g Heidelbeeren

Zitronenglasur:
6 EL Puderzucker
2 TL abgeriebene Zitronenschale
2 TL Zitronensaft

Den Backofen auf 200 Grad C vorheizen.
Das Maiskeimöl und die Eier im Mixer schlagen, bis die Zutaten sich verbinden. Zucker hinzufügen und 2 Minuten weiterschlagen, bis die Mischung eine cremige Konsistenz hat. Zitronenschale und -saft dazugeben.
In einer Schüssel Mehl, Backpulver und Salz vermengen. Mit einem Holzlöffel die trockenen Zutaten schnell unter die Mischung rühren.
Mit einem Gummispatel die Heidelbeeren vorsichtig unterheben. Muffin-Backförmchen oder Muffin-Papierförmchen ausfetten. Die einzelnen Förmchen nur zu etwa drei Vierteln mit Teig füllen. Im Backofen 25 Minuten backen, bis die Muffins hellbraun sind.
Während der Backzeit die Zitronenglasur vorbereiten. In einer kleinen Schüssel Puderzucker, Zitronenschale und -saft mischen. Umrühren und beiseite stellen.
Muffins aus dem Ofen nehmen und mit einem Holzspießchen sechs- bis achtmal einstechen. Die Glasur auf die ofenwarmen Muffins geben.

Ergibt 12 Muffins

Buttermilch-Scones mit gedörrten Cranberries

Diese duftigen, klassischen Frühstücks-Scones erhalten ihren besonderen Reiz durch die gedörrten Cranberries. Die gedörrten Beeren können problemlos durch frische ersetzt werden.

450 g Weizenmehl
60 g Zucker
3 TL Backpulver
3/4 TL Salz
150 g eiskalte Margarine, in Stücken
3/4 Tasse gedörrte Cranberries (ersatzweise 100 g frische)
1 TL abgeriebene Orangenschale
1/4 l Buttermilch

Glasur:
1 EL Sahne
1/4 TL gemahlener Zimt
2 EL Zucker

Backofen auf 200 Grad C vorheizen.
In einer großen Schüssel Mehl, Zucker, Backpulver und Salz mischen. Margarine zufügen und mit dem Rührstab verkneten, bis alle Zutaten sich verbinden. Buttermilch dazugießen und alles gut mit dem Rührstab vermengen. Cranberries und Orangenschale hinzufügen.
Den Teig zu einer Kugel formen und in zwei Hälften teilen. Auf einer leicht mit Mehl bestäubten Arbeitsplatte in zwei etwa 1 bis 2 cm dicke Scheiben ausrollen. Jede Scheibe in acht keilförmige Stücke schneiden.
In einer kleinen Schüssel Sahne, Zimt und Zukker mischen. Beiseite stellen.
Scones auf einem leicht eingefetteten Backblech 12 bis 15 Minuten backen, bzw. bis die Scones hellbraun sind. Aus dem Ofen nehmen und mit der Glasur bestreichen.

Ergibt 16 Scones

Cranberry-Butter

Dieses wunderbare Rezept stammt vom Besitzer und Chefkoch eines Restaurants im Bundesstaat Washington, wo die köstlichsten Cranberries wachsen. Die süß-saure Kombination schmeckt zu Scones, Muffins, Waffeln und Pfannkuchen.

400 g Butter, weich
100 g Cranberries, grob gehackt (tiefgefrorene Früchte erst hacken, dann auftauen lassen)
50 g brauner Zucker
1/4 Tasse Honig
4 EL gemahlene Walnüsse
4 EL Cumberland-Sauce
1 EL abgeriebene Orangenschale
1 TL abgeriebene Zitronenschale
2 EL Buttermilch

Die weiche Butter in eine große Schüssel geben und mit dem elektrischen Handrührer auf höchster Stufe rühren, bis sie eine blaßgelbe Farbe annimmt. Buttermasse immer wieder von den Seiten abschaben.
Grob gehackte Cranberries, Zucker, Honig, gemahlene Walnüsse, Cumberland-Sauce und Orangen- und Zitronenschale dazugeben.
Bei mittlerer Geschwindigkeit rühren, bis die Mischung sich leicht rosa verfärbt.
Die Buttermilch dazugießen und weiterschlagen, bis sie von der Mischung aufgenommen ist.

Ergibt etwa 500 g

Erdbeer-Grapefruit-Minze-Salat

Der säuerliche Geschmack der Grapefruit ergänzt die Süße der Erdbeeren und die Frische der Minze. Ein köstliches, leichtes Dessert oder ein belebender Auftakt zu einem Brunch.

1 große Grapefruit
150 g Erdbeeren, entstielt und halbiert
2 TL Zucker
1 TL grob gehackte frische Minzeblätter

Oberes und unteres Ende der Grapefruit abschneiden. Mit einem Schälmesser die Schale und die weiße Innenhaut entfernen. Das Messer an der zwischen den Spalten liegenden Trennhaut entlangführen und saubere Segmente herausschneiden.

In einer mittelgroßen Schüssel die Grapefruitstücke, Erdbeeren, Zucker und Minze behutsam mengen. Für 1 bis 2 Stunden in den Kühlschrank stellen.

Für 4 Personen

Blaubeer-Bananen-Muffins

Diese Muffins verdanken ihre Saftigkeit den Blaubeeren, unterstrichen durch das Aroma der Banane. Achten Sie darauf, den Teig nicht zu heftig zu rühren, nachdem Sie das Mehl zugegeben haben, sonst wird er zäh.

100 g Margarine
175 g Zucker
2 Eier
2 bis 3 Bananen, zerdrückt (etwa 1 Tasse)
1/8 l Milch
300 g Mehl
2 TL Backpulver
1/2 TL gemahlener Zimt
250 g Blaubeeren, frisch oder tiefgefroren

Den Backofen auf 200 Grad C vorheizen.
In einer mittelgroßen Schüssel mit dem elektrischen Handrührer Margarine und Zucker cremig schlagen. Eier nacheinander dazugeben. Zerdrückte Bananen und Milch hineinrühren.
In einer anderen Schüssel Mehl, Backpulver und Zimt mischen. Die Margarinemischung dazugeben und nur so lange mischen, bis der Teig feucht ist.
Behutsam die ganzen Blaubeeren unterheben. Wenn Sie tiefgefrorene Blaubeeren verwenden, geben Sie sie im gefrorenen Zustand an den Teig, sonst verfärbt er sich. Teig in eingefettete Muffin-Förmchen oder Papierbackförmchen bis an den Rand füllen. 30 bis 35 Minuten im Backofen backen, bis die Muffins goldbraun sind.
5 Minuten in der Backform stehenlassen, dann auf ein Kuchengitter setzen und abkühlen lassen. Die Muffins können in einem fest schließenden Plastikgefäß oder in Plastiktüten aufbewahrt werden.

Ergibt 12 Muffins

Von links nach rechts:
Orangen-Scones mit Beeren und Sahne (Rezept Seite 45) und Blaubeer-Bananen-Muffins

Orangen-Scones mit Beeren und Sahne

Die schönste Art, frische Beerenfrüchte des Sommers zu genießen – zum Frühstück oder als Dessert. Und auch dann noch köstlich, wenn nur noch Erdbeeren auf dem Markt sind.

Scones
(englische Teeküchlein):
300 g Mehl, gesiebt
1 EL Backpulver
1 TL Salz
2 EL Zucker
5 1/2 EL Butter
1 extragroßes Ei, verschlagen
1/8 l Schlagsahne
2 EL Butter, zerlassen
100 g Zucker
1 EL abgeriebene Orangenschale

Beilage:
knapp 1 kg gemischte frische Beeren (z.B. Erdbeeren, Himbeeren, Brombeeren, Johannisbeeren), gewaschen und abgetrocknet
150–200 g Zucker, je nach Süße der Beeren
1 Becher Schlagsahne, geschlagen und mit 2 TL Zucker leicht gesüßt

Den Backofen auf 225 Grad C vorheizen.
Mehl, Zucker, Backpulver, Salz und Zucker in eine kleine Schüssel geben und vermengen. Die Butter mit einem Knethaken oder zwei Messern sorgfältig unterkneten. In einer kleinen Schüssel das geschlagene Ei mit der Sahne vermischen und unter die Mehlmischung rühren, bis der Teig zu einer Kugel geformt werden kann.
Teig auf einer bemehlten Arbeitsfläche 1 Minute lang kneten, bis er glatt wird, und zu einer rechteckigen Platte von etwa 10 × 20 cm ausrollen.
Teig mit der zerlassenen Butter bestreichen. Mit Zucker und Orangenschale bestreuen. Die Teigplatte aufrollen (wie bei einer Biskuitrolle), den Teigrand leicht mit den Fingern zusammendrücken.
Rolle in acht 2,5 cm dicke Scheiben schneiden. Auf ein gefettetes Backblech legen und 12 bis 15 Minuten backen, bis sie goldbraun sind.
Erdbeeren halbieren und zusammen mit den anderen Beeren in eine große, hübsche Schale legen. Mit Zucker bestreuen und 1 bis 2 Stunden in den Kühlschrank stellen. Mehrere Löffel voll Beeren auf ein Scone häufen und mit frischer Schlagsahne reichen.

Ergibt 8 Scones

HAUPTGERICHTE

Beerenküche ist Sommerküche, leichte, erfrischende Küche, in der die säuerlichen Beeren erfrischende Akzente setzen.
Da gibt es zum einen natürlich die Sommersalate, die als leichtes Abendessen auch im Freien genossen werden können. Gegrillter Fisch wird noch sommerlicher, wenn man ihn mit frischen Beeren kombiniert. Und wer noch nie Lachs mit Erdbeeren probiert hat, sollte das in der nächsten Erdbeer-Saison unbedingt nachholen!
Zum anderen sind da die Chutneys wie unser Stachelbeer-Chutney, die nicht nur im Sommer schmecken. Davon kann man ohne weiteres einen Vorrat herstellen und auch im Winter die Früchte des Sommers genießen!

Nudelsalat mit Krebsfleisch und Johannisbeeren

Orzo heißt auf deutsch Teigreis oder Nudelreis – es sind kleine, reisförmige Nudeln. Auch wer sich gewöhnlich nichts aus Nudelsalat macht, wird sich hier gern einen Nachschlag holen.

Vinaigrette:
1/8 l Walnußöl
1/2 l Pflanzenöl
4 EL Balsam-Essig
4 EL Rotweinessig
2 Knoblauchzehen, durchgepreßt
4 EL fein gehackter frischer Thymian
4 EL fein gehacktes frisches Basilikum
Saft von 3 Zitronen
1 EL schwarzer Pfeffer

Salat:
500 g Orzo-Nudeln, in Salzwasser nach Angabe auf der Packung »al dente« gekocht, abgespült und gut abgetropft
500 g Krebsfleisch (frisch, tiefgefroren oder Surimi)
100 g Kalamata-Oliven, entsteint und in Scheiben geschnitten
2 gelbe Paprikaschoten, geputzt und fein gewürfelt
1 rote Paprikaschote, geputzt und fein gewürfelt
6 EL Kapern, abgespült
2 mittelgroße Tomaten, grob gewürfelt
2 Bund frisches Basilikum, in feine Streifen geschnitten
1/2 Tasse Fetakäse, zerbröselt
je 150 g rote und schwarze Johannisbeeren

Für die Vinaigrette alle Zutaten in einer mittelgroßen Schüssel mit dem Schneebesen verrühren.
Die gekochten Orzo-Nudeln in eine große Schüssel geben. Krebsfleisch, Oliven, gelbe und rote Paprika, Kapern, Tomaten, Basilikum, Feta und Johannisbeeren dazugeben. Salat mit zwei Drittel der Vinaigrette vermengen, den Rest aufheben. Den Salat mindestens zwei Stunden im Kühlschrank durchziehen lassen. Vor dem Servieren den Salat kosten und, falls erforderlich, mit dem restlichen Dressing nachwürzen.

Für 8 bis 10 Personen

Gegrillter Lachs mit Erdbeer-Salsa

Erdbeeren und Gurke gehen hier eine harmonische Geschmacksverbindung ein und unterstreichen das Aroma des gegrillten Lachses.

Salsa:
1 Salatgurke, fein gewürfelt
1 Frühlingszwiebel, das Grüne in feine Röllchen geschnitten
1 EL frische Minze, in feine Streifen geschnitten
3 bis 4 EL Reisweinessig (ersatzweise Weißweinessig)
250 g frische Erdbeeren, entstielt und fein gewürfelt

Barbecue-Sauce:
1 Knoblauchzehe, durchgepreßt
100 g Butter
1 EL Honig
2 EL Sojasauce
1 EL frisch gepreßter Zitronensaft

6 Lachsfilets, ohne Haut, jedes etwa 150 g

Am besten bereiten Sie die Salsa schon eine Stunde vorher zu.
Gurke, Frühlingszwiebel, Minze und Essig in einer mittelgroßen Schüssel vermengen. Mit Folie abdecken und 1 Stunde in den Kühlschrank stellen. Kurz vor dem Servieren die Erdbeeren dazugeben.
Barbecue-Sauce zubereiten. Knoblauch in der Butter bei niedriger Hitze anschwitzen. Honig, Sojasauce und Zitronensaft hineinrühren und 2 Minuten kochen. Beiseite stellen.
Den Holzkohle-Grill anfachen. Wenn die Kohle glüht, die Lachsfilets mit der Sauce bestreichen und in einen gut eingefetteten Spezialhalter aus Draht klemmen. (Es geht auch ohne den Spezialhalter, er erleichtert aber das Grillen und Wenden des Grillguts.) Etwa 10 cm über der Glut anbringen und 4 bis 5 Minuten auf jeder Seite grillen. Nach dem Umdrehen noch einmal mit der Sauce bestreichen. Wenn der Fisch gar ist, noch einmal mit der Barbecue-Sauce bestreichen. Der Fisch ist gar, wenn das Fleisch gerade fest geworden und noch elastisch ist.
Filets aus dem Spezialhalter nehmen, auf eine vorgewärmte Platte legen und die Salsa darüber gießen.

Für 6 Personen

Gegrillter Heilbutt mit griechischer Zitronensauce, Heidelbeeren und Schnittlauch

Lassen Sie die Fischfilets in einer Marinade aus Zitronensaft und Oregano ziehen. Die Zitronensauce mit den Beeren und dem Schnittlauch bereichert das Aroma. Köstlich mit frischem Spargel und neuen Kartoffeln.

Marinade:
knapp 1/8 l Olivenöl
3 EL frisch gepreßter Zitronensaft
1 EL grob gehackter frischer Oregano

4 Heilbuttfilets, etwa 2 cm dick (je ca. 200 g)

Griechische Zitronensauce:
2 EL Butter
2 EL Mehl
1/4 l Hühnerbrühe
2 Eier, mit 2 EL Wasser verschlagen
3 EL Zitronensaft
Salz und frisch gemahlener schwarzer Pfeffer nach Geschmack
125 g Heidelbeeren zum Garnieren
1 TL Schnittlauchröllchen zum Garnieren

Für die Marinade Olivenöl, Zitronensaft und Oregano in einer flachen Schüssel verrühren. Fischfilets hineinlegen und in den Kühlschrank stellen. Filets nach 30 Minuten wenden und weitere 30 Minuten ziehen lassen.
Für die Zitronensauce die Butter bei niedriger Hitze in einem kleinen Topf zergehen lassen. Mehl hineinrühren. Topf vom Herd nehmen und mit der Hühnerbrühe aufgießen.
Den Grill des Backofens vorheizen. Fischfilets auf dem Grillrost oder in einer Grillpfanne etwa 15 cm unterhalb des Grillkörpers auf jeder Seite 4 bis 5 Minuten grillen. Das Filet sollte innen noch saftig sein und sich mit der Gabel zerteilen lassen.
Kurz vor dem Servieren die Sauce wieder erhitzen, vom Herd nehmen und etwas abkühlen lassen. Geschlagene Eier und Zitronensaft hineinrühren. (Achtung, wenn die Sauce zu heiß ist, gerinnt das Ei!) Die Mischung wird schnell sämig.
Heilbutt auf vorgewärmte Teller geben. Mit Salz und Pfeffer nach Geschmack würzen. Die warme Zitronensauce über den Fisch geben, mit den Beeren und Schnittlauchröllchen bestreuen.

Für 4 Personen

Hähnchen mit Brombeeren, Limetten und frischen Kräutern

Diese unwiderstehliche Kombination stammt von einer prominenten Köchin aus Oregon, die es versteht, Kräuter besonders gezielt einzusetzen.

1 Poularde, ca. 2 kg
3 EL weiche Butter
2 EL frisch gehackter Salbei
3 EL frisch gehackter Thymian
2 EL frisch gehackter Rosmarin
Schale von 2 Zitronen, fein gehackt
6 Knoblauchzehen, durchgepreßt
3 EL Brombeer-Konfitüre
1 EL Dijonsenf
2 EL Honig
4 EL Sojasauce
Salz und frisch gemahlener schwarzer Pfeffer nach Geschmack
2 Limetten
6 Knoblauchzehen
Thymian-, Salbei- und Rosmarinzweige zum Garnieren
100 g frische Brombeeren zum Garnieren

Backofen auf 200 Grad C vorheizen. Backrost auf die unterste Schiene stellen.
Hähnchen außen wie innen gründlich waschen und gut mit Küchenpapier abtrocknen. Beiseite stellen.
Mit dem Schneidstab Butter, Kräuter, Zitronenschale, gepreßten Knoblauch, Brombeer-Konfitüre, Senf, Honig und 2 EL Sojasauce mischen. Gut verrühren und beiseite stellen.
Die Bauchhöhle des Hähnchens mit den restlichen 2 EL Sojasauce beträufeln und nach Geschmack mit Salz und Pfeffer würzen. Limetten mehrfach mit einer Gabel einstechen.
Limetten und ganze Knoblauchzehen in die Höhlung geben. Die Haut über die Halsöffnung klappen und mit Spießchen schließen. Die Beine mit Küchengarn zusammenbinden. Die Haut des Hähnchens mit Salz und Pfeffer einreiben, dann mit einem Backpinsel mit der Brombeer-Kräutermischung bestreichen. Auf den Rost einer Saftpfanne legen und in den Ofen schieben. Sogleich auf 190 Grad C herunterschalten und das Hähnchen ohne Deckel 10 Minuten braten.
Backtemperatur auf 175 Grad C herunterschalten und weiterbraten. Das Hähnchen etwa alle 15 Minuten mit dem Bratensaft bestreichen, bis klarer Saft aus dem Schenkel tritt, wenn man ihn ansticht, etwa nach 1 ½ Stunden oder 20 Minuten pro Pfund.
Spießchen und Küchengarn entfernen. Limetten und Knoblauch aus der Höhlung nehmen und wegwerfen. Das Hähnchen 10 Minuten ruhen lassen.
Auf eine vorgewärmte Platte legen und mit frischen Kräuterzweigen und Brombeeren garnieren.
Den Bratensaft in einen kleinen Topf gießen. 2 bis 3 Minuten stehenlassen, dann das Fett abschöpfen. Bratensaft nochmals erhitzen und in einer Sauciere zu dem Hähnchen reichen.

Für 4 Personen

Hähnchenbrust mit Himbeeren à la James Beard

James Beard gehörte zu den hervorragendsten Kennern der amerikanischen Küche. Bei einem seiner Sommer-Kochseminare in Oregon zauberte er dieses Gericht für uns. Die fruchtige Note des Himbeeressigs verbindet sich aufs feinste mit dem Hähnchengeschmack. Ich schlage vor, das Hähnchen ohne Deckel und bei niedriger Hitze zu garen, weil der Dampf das Fleisch zäh machen könnte.

4 EL Butter
3 Hähnchenbrüste mit Brustbeinknochen, gehäutet und halbiert
3 Schalotten, fein gewürfelt
gut 1/8 l Himbeer-Essig
1 EL Tomatenmark
2 mittelgroße Tomaten, fein gewürfelt
1/8 l Hühnerbrühe
2 EL eiskalte Butter
100 g frische Himbeeren zum Garnieren
2 EL Schnittlauchröllchen zum Garnieren

In einer großen, schweren Pfanne die Butter bei mittlerer Hitze zerlassen. Hähnchenbrüste hineingeben, und zwar zuerst mit der Fleischseite nach unten. Ohne Deckel 5 Minuten braten. Wenn die Stücke auf einer Seite goldbraun sind, wenden und weiterbraten. Schalotten dazugeben. Die Hitze etwas reduzieren und 10 Minuten weiterbraten. Die gebratenen Teile auf eine vorgewärmte Platte geben.
Den Himbeer-Essig in die Bratpfanne gießen und zum Kochen bringen. 2 Minuten aufkochen lassen. Hitze herunterschalten und Tomatenmark, Tomaten und Hühnerbrühe hineinrühren. Köcheln lassen, bis die Sauce sämig wird. 2 EL Butter unter Rühren zugeben.
Hähnchenbrüste wieder in die Pfanne zurücklegen und mehrmals in der Sauce wenden, bis sie gleichmäßig überzogen sind. 10 Minuten bei mäßiger Hitze weitergaren.
Die Teile auf einer vorgewärmten Platte anrichten, mit der Sauce übergießen. Mit frischen Himbeeren und Schnittlauchröllchen bestreuen.

Für 6 Personen

Schweinefilet mit Pilzen, Cranberries, Blaubeeren und Portwein

Die Anregung zu diesem Gericht kommt von den Besitzern eines Restaurants in einer Gegend, die mit frischen Pilzen gesegnet ist. Verwenden Sie Mischpilze, Austernpilze oder andere Sorten, die Ihr Gemüsehändler anbietet.

150 g Butter, gewürfelt
1 TL Knoblauch, durchgepreßt
750 g Pilze, geputzt und in Scheiben geschnitten
100 g frische oder tiefgefrorene Cranberries (Auftauen nicht nötig)
175 g frische oder tiefgefrorene Blaubeeren
gut 1/4 l Portwein
Salz und frisch gemahlener schwarzer Pfeffer nach Geschmack
2 Schweinefilets, jedes ca. 500 g
2 EL Olivenöl

In einer heißen Pfanne 100 g Butter mit dem Knoblauch bei mäßiger Hitze anschwitzen. Pilze dazugeben und bei mäßiger Hitze braten, bis sie halb gar sind. Cranberries, Blaubeeren und Portwein dazugeben und weitere 5 Minuten schmoren.

Pilze, Cranberries und Blaubeeren mit der Schaumkelle herausnehmen. Auf einer vorgewärmten Platte beiseite stellen.

Den Backofen auf 250 Grad C vorheizen.

In einer Pfanne bei großer Hitze das Fleisch im Olivenöl anbraten. Das Fleisch aus der Pfanne nehmen, mit Salz und Pfeffer bestreuen und auf ein Backblech legen. Nicht zudecken. 10 Minuten im Backofen braten.

Währenddessen die Portweinsauce bei mittlerer Hitze kochen, bis die Flüssigkeit um die Hälfte reduziert ist. Die restliche Butter Stück für Stück unter Rühren dazugeben, bis die Sauce sämig wird. Pilze und Beeren wieder an die Sauce geben und so weit erhitzen, daß alles gut durchgezogen ist.

Das Filet in Portionen aufschneiden und mit der Sauce übergießen.

Für 6 Personen

Geschmortes Schweinefilet mit glacierten Zwiebeln und Brombeeren

Dieses Gericht reicht für 4 Personen. Man kann es aber auch zu zweit essen, dann bleibt genügend übrig, um am nächsten Tag Sandwiches mit kaltem Fleisch zuzubereiten.

1 TL Zucker
4 EL ungesalzene Butter
2 mittelgroße Gemüsezwiebeln, dünn geschnitten
1 Schweinefilet, etwa 750 g
Salz und frisch gemahlener schwarzer Pfeffer
125 g frische Brombeeren

Backofen auf 175 Grad C vorheizen.
Zucker, 2 EL Butter und die Zwiebeln in einen schweren Topf geben und bei mittlerer Hitze rühren, bis die Zwiebeln überzogen sind. Ohne Deckel 5 Minuten unter gelegentlichem Rühren garen.
Die Zwiebeln sollten glasig werden, ohne zu bräunen. Die Zwiebeln aus dem Topf nehmen und beiseite stellen.
Die verbleibende Butter in den Topf geben und das Schweinefilet bei großer Hitze von allen Seiten anbraten. Das Fleisch auf ein Backblech legen, mit Salz und Pfeffer bestreuen, die Zwiebeln darum herumlegen. In den Ofen schieben.
Für 1 Stunde im Ofen lassen. Fleisch aus dem Backofen nehmen, aufschneiden und auf eine vorgewärmte Platte geben. Mit den glacierten Zwiebeln umlegen, die Brombeeren auf die Zwiebeln geben. Dazu passen neue Kartoffeln und Erbsen.

Für 4 Personen

Marinierte Lammsteaks mit Stachelbeer-Chutney

Die Lammsteaks werden in eine Honig-Zitronen-Marinade gelegt und dann gebraten oder gegrillt. Das Stachelbeer-Chutney mit seinem säuerlich-süßen Aroma paßt auch gut zu anderen Fleischsorten.

Marinade:
1/4 l kaltgepreßtes Olivenöl
1 EL Honig, angewärmt
4 EL frisch gepreßter Zitronensaft
2 EL grob gehackter frischer Rosmarin
2 Knoblauchzehen, durchgepreßt

4 Lammsteaks, etwa 2,5 cm dick

Stachelbeer-Chutney:
375 g Stachelbeeren
1 große Zwiebel, grob gehackt
300 g brauner Zucker
knapp 1/4 l Apfelessig
knapp 1/4 l Weißweinessig
1/2 Tasse Rosinen
1/2 TL Ingwer, gerieben
1/2 TL Kurkuma
1/2 TL Cayennepfeffer
1 TL Senfpulver (oder 1 TL Senf)
Salz

In einer kleinen Schüssel Olivenöl, Honig, Zitronensaft, Rosmarin und Knoblauch mischen. Lammsteaks in eine flache Glasform legen und mit der Marinade übergießen. Im Kühlschrank 2 Stunden durchziehen lassen, dabei ab und zu wenden.
Stiele und Blütenansätze von den Stachelbeeren entfernen. Waschen und gut abtrocknen. Mit dem Schneidstab des Handrührers die Stachelbeeren portionsweise grob zerkleinern und in einen großen Topf geben.
Gehackte Zwiebel, braunen Zucker, Essig, Rosinen, Ingwer, Kurkuma, Cayennepfeffer, Senf und ein wenig Salz dazugeben. Aufkochen, dann die Hitze herunterschalten und 2 Stunden lang unter wiederholtem Rühren köcheln lassen, bis das Chutney glasig und sämig ist.

Ergibt etwa 1 Liter Chutney

Den Grill des Backofens mindestens 5 Minuten lang vorheizen oder den Holzkohlengrill vorbereiten. Die Steaks 7 bis 10 Zentimeter unterhalb des Grillkörpers oder auf dem Holzkohlegrill 7 bis 10 Minuten auf jeder Seite braten, bzw. bis sie entsprechend durchgebraten sind. Jedes Steak mit 2 bis 3 gehäuften Löffeln Chutney servieren.

Für 4 Personen

DESSERTS

Ein sommerliches Beeren-Dessert kann ganz einfach aus frischen Beeren mit Schlagsahne bestehen oder, für weniger puristisch veranlagte Genießer, aus Beeren mit Eis. Aber auch etwas aufwendigere Gerichte auf der Basis von Beeren sind die Mühe wert.

Vor allem die amerikanische Tradition der Obstkuchen mit knuspriger Kruste wird auch bei uns viele Freunde gewinnen, ob diese Traditionsgerichte nun Grunt oder Crisp heißen.

Auch Beerensaucen zu Eis oder ein edles Erdbeer-Sorbet sind bereits zu Klassikern der Sommerküche geworden.

Tarte mit Brombeeren, gelben und roten Himbeeren

Eine Tarte mit frischen Früchten ist etwas Wundervolles, wenn nur der Teig und die Füllung stimmen. Dieses Rezept wird all ihre Erwartungen erfüllen.

Venezianische Teigkruste:
225 g Weizenmehl
150 g feines gelbes Maismehl
½ TL Salz
1 TL Backpulver
100 g Butter, weich
175 g Zucker
½ TL Vanillezucker
1 EL abgeriebene Zitronenschale
1 ganzes Ei und 1 Eigelb
1 EL brauner Rum oder Wasser

100 g Frischkäse, weichgerührt
4 EL Schlagsahne
75 g Puderzucker
1 Päckchen Vanillezucker
100 g Mascarpone
je 100 g Brombeeren, rote und gelbe Himbeeren

Den Backofen auf 175 Grad C vorheizen.
In einer Schüssel Mehl, Maismehl, Salz und Backpulver mischen. Zucker und Butter mit dem Schneidstab verrühren, bis eine cremige Masse entsteht. Vanillezucker, Zitronenschale, Eier und Rum dazugeben. Mit dem Schneidstab kräftig verrühren, bis alles gut vermischt ist. Die Mischung zu den trockenen Zutaten geben. Gut verkneten. Der Teig sollte dick und klebrig sein. In Pergamentpapier einschlagen und eine halbe bis ganze Stunde im Kühlschrank kühl stellen.
Den Teig halbieren (die andere Hälfte kann für den weiteren Gebrauch eingefroren werden). Den Teig auf einer leicht bemehlten Arbeitsfläche vier- bis fünfmal durchkneten. Den Teig und das Nudelholz mit Mehl bestäuben, damit nichts hängenbleibt. Den Teig zu einer Platte von etwa 25 cm Durchmesser 6 mm dick ausrollen. Wenn der Teig zu klebrig ist, kann er zwischen zwei Bögen Klarsichtfolie ausgerollt werden.
Den Teig vorsichtig in eine Tarteform mit herausnehmbarem Boden von 22 cm Durchmesser gleiten lassen. Leicht andrücken. Wenn er reißt, muß man ihn nur wieder zusammendrücken. Den Teigboden mit Pergamentpapier oder Alufolie bedecken, dann mit getrockneten Bohnen oder Reis bestreuen, bis die Schicht mindestens 1 cm dick ist, damit der Teig eben bleibt. 20 Minuten backen.
Das Papier und die Bohnen entfernen und weitere 12 Minuten backen, bzw. bis die Teigkruste sich leicht bräunt. Aus dem Ofen nehmen. 5 Minuten abkühlen lassen. Vorsichtig den äußeren Ring der Tarteform lösen. Mit einem Metallspatel den Tortenboden vorsichtig lösen und auf ein Kuchenrost gleiten lassen. 30 Minuten abkühlen lassen.
Den abgekühlten Tortenboden auf eine Kuchenplatte legen und bis zum Gebrauch mit Klarsichtfolie abdecken.
In einer großen Schüssel Frischkäse, Schlagsahne, Puderzucker und Vanillezucker mischen. Mit dem elektrischen Handrührgerät rühren, bis eine lockere Masse entsteht. Mit einem Gummispatel den Mascarpone unterheben.
Die Füllung mit dem Gummispatel auf dem Tortenboden verstreichen. Die Brombeeren, rote und gelbe Himbeeren in Kreisen darauf legen und 30 Minuten im Kühlschrank kühlen.

Für 6 bis 8 Personen

Fourth-of-July-Parfait

Dieses patriotische Dessert in den amerikanischen Nationalfarben wird nicht nur am Nationalfeiertag, dem 4. Juli, gegessen. Es schmeckt natürlich auch Nicht-Amerikanern. Die dafür verwendete Parfaitcreme eignet sich hervorragend für jede Sorte Beeren.

Parfait-Creme:
225 g Frischkäse, Zimmertemperatur
6 EL Puderzucker
¼ l Schlagsahne
1 bis 2 TL frisch gepreßter Zitronensaft nach Geschmack
500 g frische Blaubeeren, entstielt und leicht gezuckert
500 g frische rote Himbeeren, leicht gezuckert
einige Blätter frische Minze oder Zitronenmelisse zum Garnieren

Frischkäse und Puderzucker in eine mittelgroße Schüssel geben. Mit dem elektrischen Handrührer schaumig rühren. Schlagsahne nach und nach dazugeben. Weiterrühren, bis die Sahne integriert und die Mischung locker ist. Zitronensaft nach Geschmack dazugeben. Servieren Sie das Parfait in Dessertkelchen, hohen Weingläsern oder Champagnerflöten.
Füllen Sie abwechselnd ein Lage Blaubeeren, einen Klecks Creme, eine Lage Himbeeren, einen Klecks Creme, eine Lage Blaubeeren und noch einen Klecks Creme ins Glas. Krönen Sie das Parfait mit einem Löffel voll roter Himbeeren. Mit der Minze oder Zitronenmelisse garnieren.

Für 6 bis 8 Personen

Cranberry-Clafoutis

Der klassische französische Clafoutis wird normalerweise mit Kirschen zubereitet.
Unsere Variante gibt ihm den amerikanischen Dreh.

375 g frische oder tiefgefrorene Cranberries
3/8 l roter Johannisbeeersaft oder Wasser
6 Eier
200 g Zucker
6 EL Weizenmehl
1/2 l Milch
knapp 1/4 l Schlagsahne
1 Päckchen Vanillezucker
1/8 TL gemahlener Zimt
Schlagsahne zum Garnieren

Den Backofen auf 200 Grad C vorheizen.
Cranberries in einem schweren Topf im Saft oder in Wasser 5 Minuten bei niedriger Hitze kochen. Beeren abgießen, Saft aufheben und beiseite stellen.
Den Saft aufkochen und etwa 7 Minuten weiterkochen lassen, bis die Flüssigkeit auf 4 EL reduziert ist.
Eier, Zucker, Mehl, Milch, Sahne und Vanillezucker mit dem Handrührer oder in der Küchenmaschine 1 Minute rühren. Den Saft dazugeben und unterrühren.
Die Cranberries in einer gut gefetteten Backform von 22 cm Durchmesser verteilen und den Teig über die Beeren gießen. Mit Zimt bestreuen.
Den Clafoutis 40 bis 45 Minuten backen, bis der Teig aufgegangen und an der Oberfläche goldbraun ist. Heiß oder lauwarm servieren. Mit der Schlagsahne garnieren. (Der Clafoutis geht wie ein Soufflé auf und schrumpft während des Abkühlens wieder auf seine Originalgröße zusammen.)

Für 6 Personen

Erdbeer-Rhabarber-Grunt nach Hausmacherart

Grunt ist in den USA der volkstümliche Name für geschmorte Beeren mit Teigkruste und kann nur bedeuten, daß man angesichts dieser leichten, knusprigen Leckerei vor Vergnügen »grunzt«. Man muß unbedingt die richtige Backform verwenden – eine Form aus ofenfestem Glas, Emaille oder Edelstahl – anderes Metall würde mit der Fruchtsäure chemisch reagieren.

650 g Rhabarber, geputzt und in kleine Stücke geschnitten
200 g Erdbeeren, in dünne Scheiben geschnitten
175 g Zucker
4 EL Butter

Teigkruste:
150 g Mehl
1 TL Backpulver
50 g Zucker
1/4 l Schlagsahne

Vanilleeis zum Garnieren

Den Backofen auf 200 Grad C vorheizen.
Rhabarber und Erdbeeren in einer großen Schüssel vermischen und in die Backform geben. Mit Zucker bestreuen und die Butter in Flocken darauf verteilen.
Für den Teig Mehl mit dem Backpulver und Zucker mischen. In einer anderen Schüssel die Sahne steif schlagen. Die Schlagsahne vorsichtig unter die Zucker-Mehlmischung heben. Die Teigmischung gleichmäßig auf den Früchten verstreichen.
50 Minuten backen, bzw. bis die Füllung brodelt und die Teigkruste goldbraun ist. Ofenwarm mit dem Vanilleeis servieren.

Für 6 Personen

Erdbeersauce

Dieses Erdbeerpüree läßt sich gut mit anderen Beeren kombinieren.

250 g frische Erdbeeren, geputzt und halbiert
1 EL Zitronen- oder Limettensaft

Erdbeeren, Zucker und Zitronensaft mit dem Schneidstab so lange pürieren, bis eine glatte Masse entstanden ist und der Zucker sich aufgelöst hat. Gekühlt servieren.

Ergibt etwa 3/8 Liter
(Hält sich bis zu 3 Tagen im Kühlschrank)

Larrys Schokoladen-Fondant

Diese Sauce schmeckt ganz besonders gut mit frischen Beeren.

150 g Zucker
125 g ungesüßtes Kakaopulver
1/4 l Schlagsahne
1/8 l Sirup
Salz
100 g Bitterschokolade, grob gehackt
5 EL Butter
1 Päckchen Vanillezucker

In einem schweren Topf Zucker, Kakao, Sahne, Sirup und 1 Prise Salz mischen. Unter stetem Rühren langsam zum Kochen bringen. Die Hitze herunterschalten und 5 Minuten ohne Deckel köcheln lassen, dabei häufig umrühren. Von der Herdplatte nehmen, Schokolade und Butter dazugeben und weiterrühren, bis alles geschmolzen ist und eine glatte Masse entsteht. Vanillezucker hineinrühren. Warm servieren.

Ergibt etwa 1/2 Liter
(Hält sich bis zu 3 Wochen im Kühlschrank. Bei geringer Hitze im Wasserbad aufwärmen.)

Fondant-Dip

Eine Köstlichkeit für Erdbeeren, Boysenbeeren oder Bananenscheiben.

200 g Puderzucker
1/4 l Schlagsahne
2 EL Kirschwasser oder Curaçao

Zucker und Sahne in einem mittelgroßen Topf mischen. Unter stetem Rühren kräftig aufkochen lassen. Vom Herd nehmen und den Likör hineinrühren. In eine feuerfeste Schüssel gießen und auf dem Rechaud warm halten.

Ergibt etwa 1 1/2 Tassen
(Hält sich bis zu einer Woche im Kühlschrank)

Blaubeersauce

Diese aromatische Sauce schmeckt zu allem, von Pfannkuchen bis zu Ihrem Lieblingsdessert.

250 g frische oder tiefgefrorene Blaubeeren (aufgetaut)
4 EL Orangensaft
4 EL Wasser
2 EL Zucker
1 EL Speisestärke
1/4 TL abgeriebene Orangenschale
1/8 TL frisch gemahlene Muskatnuß
1 Prise Salz

Alle Zutaten in einen mittelgroßen Topf geben. Bei mittlerer Hitze unter stetem Rühren 4 bis 5 Minuten kochen, bis die Sauce eingedickt ist. Warm servieren.

Ergibt etwa 1/2 Liter
(Hält sich bis zu 2 Wochen im Kühlschrank)

Im Uhrzeigersinn von links nach rechts: Larrys Schokoladen-Fondant, Fondant-Dip, Erdbeersauce und Blaubeersauce

Schokoladentrüffel-Kuchen mit Himbeersauce und frischen Himbeeren

Das Schöne an diesem Kuchen: Er ist einfach zu machen und läßt sich gut im voraus zubereiten.

Kruste:
1 ¼ Tassen Graham-Kräcker, im Mixer fein zerkrümelt (ersatzweise Butterkekse)
50 g Zucker
1 EL ungesüßter Kakao
50 g Butter, weich

Füllung:
100 g Zartbitterschokolade
2 EL Milch
225 g Frischkäse, zimmerwarm
3 EL Zucker
6 EL Grand Marnier
½ l Schlagsahne

Himbeer-Sauce:
250 g frische Himbeeren (oder 1 Paket TK-Himbeeren)
100 g Zucker
6 EL Grand Marnier

⅛ l Schlagsahne (geschlagen)
1 EL Zartbitterschokolade, mit dem Sparschäler in Spänen abgezogen
75 g frische Himbeeren zum Garnieren

Den Backofen auf 190 Grad C vorheizen.
Für die Kruste Kräckerkrümel, Zucker und Kakao in eine mittelgroße Schüssel geben und mischen. Mit einer Gabel die Butter hineinarbeiten, bis die Mischung krümelt.
Mit der Rückseite eines großen Löffels die Krümelmischung fest in eine Tarteform mit herausnehmbarem Boden von 22 cm Durchmesser drücken. Das Ganze 8 Minuten backen. Aus dem Ofen nehmen und abkühlen lassen.
Für die Füllung die Schokolade in der Milch unter ständigem Rühren in einem kleinen Topf bei niedriger Hitze zergehen lassen. Abkühlen lassen.
In einer großen Schüssel den Frischkäse mit dem Zucker verschlagen. Grand Marnier und zerlassene Schokoladenmischung dazugeben und gut verrühren. Die Sahne in einer kleinen Schüssel schlagen und unter die Schokoladenmischung heben. Die Masse auf der abgekühlten Teigkruste gleichmäßig mit einem Küchenspatel verstreichen. Mit Klarsichtfolie abdecken und über Nacht in den Kühlschrank stellen.
Am nächsten Tag die Himbeersauce zubereiten. Die frischen oder tiefgefrorenen Beeren in der Küchenmaschine oder mit dem elektrischen Mixer pürieren. Durch ein Sieb streichen. Zucker dazugeben und unter Rühren darin auflösen. Grand Marnier dazugeben.
Die Schlagsahne auf dem Kuchen verstreichen, den Kuchen mit Schokoladenspänen und frischen Himbeeren garnieren. Die Himbeersauce dazu reichen.

Für 6 bis 8 Personen

Willies Knusper-Brombeeren

In Amerika wachsen noch verschiedene Arten Brombeeren wild. Einige Sorten gibt es im Überfluß, dem man mit einfachen Gerichten wie diesem begegnet. Es schmeckt natürlich mit den bei uns erhältlichen Brombeeren genauso gut.

Teigkruste:
150 g Weizenmehl
200 g Zucker
1 TL Backpulver
1 Ei, verschlagen

Brombeer-Füllung:
2 EL Weizenmehl
150 g Zucker
gut 500 g frische Brombeeren

100 g Butter, zerlassen

Den Backofen auf 200 Grad C vorheizen.
In einer mittelgroßen Schüssel Mehl, Zucker und Backpulver mischen. Mit einem Löffel eine Mulde in die Mischung drücken, das Ei hineingeben und alles verkneten, bis ein bröseliger Teig entsteht. Beiseite stellen.
Für die Füllung Mehl und Zucker in einer kleinen Schüssel mischen. Brombeeren in eine große Schüssel geben, mit der Mehl-Zuckermischung bestreuen. Sanft schwenken, bis die Beeren gleichmäßig überzogen sind.

Die Beerenmischung in eine gut gefettete ofenfeste Glasform geben und die Brösel darüber verteilen.
Die zerlassene Butter gleichmäßig über die Brösel träufeln. Backform auf ein Backblech setzen, damit nichts überläuft. 45 Minuten backen.

Für 6 Personen

Blaubeerkuchen à la »Black Lake«

Der Kuchen hat seinen Namen von der Black-Lake-Region im Bundesstaat Washington, einer Gegend, die reich mit Blaubeeren gesegnet ist. Der Apfel gibt den saftigen Beeren etwas Substanz.

Pie-Teig für Teigdeckel und -boden siehe Seite 80

Füllung:
500 g frische oder tiefgefrorene Blaubeeren, nicht aufgetaut
1 Golden-Delicious-Apfel, geschält und grob gewürfelt
100 g Zucker
1 EL Speisestärke
2 bis 3 EL Butter, in Stücken
½ TL Zimt, gemahlen

1 TL Zucker
Vanilleeis

Teig zubereiten, wie im Rezept angegeben, und mit der einen Hälfte eine 25 cm große Glasauflaufform oder ein 22 × 22 cm großes Backblech auslegen.
Den Backofen auf 220 Grad C vorheizen.
Für die Füllung Blaubeeren, Apfel, Zucker und Speisestärke mischen. Die Füllung in die mit Teig ausgelegte Backform geben. Butterstückchen darauf verteilen. Mit Zimt bestäuben und mit der anderen Teighälfte bedecken. Die Teigränder zusammendrücken, überstehenden Teig abschneiden. Mit einem scharfen Messer mehrere Schlitze in den Teigdeckel schneiden, damit der Dampf entweichen kann.
Den Teigdeckel zusätzlich mit Zucker bestreuen. 25 Minuten im Ofen backen. Ofenwarm zusammen mit dem Vanilleeis servieren.

Für 6 bis 8 Personen

Bumbleberry-Pie

»Bumbleberry« ist ein Wort aus dem amerikanischen Hausgebrauch und bedeutet einfach eine Mischung aus Brombeeren, Blaubeeren, Boysenbeeren, Himbeeren.

Pie-Teig siehe Seite 80

Füllung:
350 g Zucker
4 EL Speisestärke
350 g frische Himbeeren
125 g frische Boysenbeeren (ersatzweise Himbeeren)
200 g frische Brombeeren, vorzugsweise die kleinere, wildwachsende Sorte
150 g Blaubeeren
2 EL Butter, gehackt

Teig zubereiten und mit einer Hälfte eine 25 cm große Backform auslegen.
Backofen auf 220 Grad C vorheizen.
In einer großen Schüssel Zucker und Speisestärke mischen, dann sanft mit den Beeren vermengen. (Wenn Sie tiefgekühlte Beeren verwenden, lassen Sie sie auftauen, gießen sie ab und nehmen 1 EL mehr Speisestärke.)
Die Mischung ein paar Minuten durchziehen lassen, dann in den Teigboden füllen und mit Butterstückchen belegen. Mit der anderen Teighälfte die Beeren zudecken, die Teigränder mit den Fingern zusammendrücken. Mit einem scharfen Messer mehrere Schlitze in den Teigdeckel schneiden, damit der Dampf entweichen kann. Sie können auch ein Teiggitter machen. 25 Minuten backen. Ofen auf 175 Grad C zurückschalten und weitere 35 Minuten backen.
Der Pie ist fertig, wenn Saft aus den Dampflöchern dringt.

Für 8 Personen

Pie-Teig

Dieser Grundteig reicht für eine runde Pie-Form, die mit Teig ausgekleidet und mit Teig abgedeckt wird. Wichtig bei allen Pies: in den Deckel Schlitze oder eine runde Öffnung (Kamin) machen, damit der Dampf abziehen kann.

150 g Mehl
Salz
100 g eiskalte Butter
1 EL eiskaltes Schweineschmalz
4–5 EL Eiswasser
Mehl zum Ausrollen

Mehl mit einer Prise Salz mischen, Butter und Schmalz hacken und schnell unter das Mehl kneten, dabei nach und nach das Eiswasser zufügen. Zu einer Kugel formen, in Folie wickeln und 1 Stunde kalt stellen. Dann auf einer bemehlten Arbeitsfläche zu zwei Kreisen ausrollen. Mit dem einen die Form auskleiden, mit dem anderen die Füllung abdecken und fest mit dem unteren Teigkreis verbinden. Dann einige Schnitte in die Oberfläche machen oder ein rundes Loch ausstechen, damit der Dampf entweichen kann. Man kann auch aus einem Teigrest eine kleine Girlande drehen und um die Öffnung legen.

Brombeer-Pfirsich-Crunch

Die säuerlichen Beeren und süßen Pfirsiche harmonieren gut miteinander.

Crunch:
100 g Haferflocken
150 g Weizenmehl
½ TL Zimt, gemahlen
100 g brauner Zucker
100 g Margarine oder Butter
100 g gehackte Pecannüsse (ersatzweise Walnüsse)

Füllung:
500 g frische Pfirsiche, in Scheiben
350 g Brombeeren
150 g Zucker
2 EL Weizenmehl

Vanilleeis zum Garnieren

Backofen auf 175 Grad C vorheizen.
Für das Crunch Haferflocken, Mehl, Zimt und braunen Zucker in einer mittelgroßen Schüssel mischen. Mit den Fingern die Butter einarbeiten, bis die Mischung bröselig ist. Nüsse dazugeben, beiseite stellen.
Für die Füllung Pfirsiche und Beeren mit Zukker und Mehl in einer mittelgroßen Schüssel gut vermengen. Die Füllung in eine 14 × 22 cm große Glasbackform geben. Brösel gleichmäßig über der Fruchtmischung verteilen. 1 Stunde im Ofen backen, bzw. bis die Brösel goldbraun werden und die Früchte brodeln.
Ofenwarm mit Vanilleeis servieren.

Für 6 Personen

Erdbeer-Sorbet

Eine eiskalte Köstlichkeit für den Sommer.

Zuckersirup:
150 g Zucker
knapp 1/4 l Wasser

500 g Erdbeeren, geputzt und halbiert
1/8 l Orangensaft
Saft von 1/2 Zitrone
4 EL Himbeerlikör zum Garnieren
6 ganze Erdbeeren zum Garnieren
Minzeblätter zum Garnieren

Zucker und Wasser in einen mittelgroßen Topf geben. Aufkochen und 10 Minuten einkochen lassen. Wenn der Sirup abgekühlt ist, in den Kühlschrank stellen.
Erdbeeren und Orangensaft mit dem Schneidstab glatt pürieren. Die 3/8 l Zuckersirup und den Zitronensaft dazugeben.
Die Sorbetmischung im Eisbereiter gefrieren. Wer keinen Eisbereiter hat, friert die Masse in einer Metallschüssel ein und lockert sie regelmäßig mit dem Schneidstab des Handrührers auf, damit sich keine groben Kristalle bilden.
Das Sorbet herausnehmen, die Mischung mit einem Löffel in Portionsgläser füllen. Mit Himbeerlikör überziehen und mit frischen Erdbeeren und Minzeblättern garnieren.

Für 6 Personen

GETRÄNKE

Sommerzeit, Beerenzeit, das ist auch die Zeit für frische, gesunde Sommerdrinks der leichten und der üppigen Art.
Der Smoothie zum Beispiel, der Besänftiger, ist ein aufbauendes Getränk, das einem Morgenmuffel schon einmal das Frühstück ersetzen kann.
Die leichteren Getränke hingegen sind ideale Aperitifs vor dem sommerlichen Abendessen. Und ein kleiner Vorrat an Beereneiswürfeln macht aus dem abendlichen Glas Champagner für die Erwachsenen ein raffiniertes Sommergetränk, während die Kinder sich über die Eiswürfel in einem Glas Zitronenlimonade freuen!
Und da der nächste Winter bestimmt kommt: Wie wäre es mit einem selbstgemachten Likör für die dunklen Winterabende?

Beeren-Eiswürfel in Mineralwasser (Rezept Seite 86)

Himbeerlikör

Dieser leuchtendrote Likör ist außerordentlich attraktiv. Man verwendet ihn nicht nur pur, sondern auch als Basis für Longdrinks oder über Eis oder gegrillter Grapefruit.

500 g Himbeeren
500 g Zucker
1 Flasche Wodka

Alle Zutaten in einer sehr großen Flasche mischen. An einem kühlen, dunklen Ort lagern. Drei Wochen lang immer wieder umrühren oder schütteln.
Durch mehrere Lagen Gaze seihen, Flüssigkeit aufheben, Fruchtfleisch und Kerne wegwerfen. Gekühlt hält sich der Likör auf unbegrenzte Zeit.

Ergibt etwa 5 Tassen

Cassis Cooler

In diesem Getränk gehen europäische Tradition und amerikanische Gewohnheit eine reizvolle Verbindung ein.

4 Eiswürfel
2 cl Crème de Cassis (Likör aus schwarzen Johannisbeeren)
1 Glas Ginger Ale
Minzeblätter zum Garnieren

Eiswürfel in ein hohes Glas geben. Crème de Cassis darüber gießen. Mit Ginger Ale auffüllen, mit einem Minzezweig garnieren und servieren.

Ergibt 1 Drink

Beeren-Eiswürfel

Dafür eignen sich alle Sorten fester, reifer Beeren, z.B. Blaubeeren, Brombeeren oder Himbeeren, aber keine Erdbeeren.

1 oder 2 Beeren in jedes Fach des Eiswürfelbereiters geben. Mit Mineralwasser auffüllen und ins Gefrierfach stellen. Wie normale Eiswürfel verwenden.

Cassis Cooler

Von links nach rechts: Erdbeer-Daiquiri und Erdbeer-Margarita

Erdbeer-Daiquiri

Perfekt für einen lauen Sommerabend. Stellen Sie die Gartengeräte beiseite, legen Sie die Füße hoch und genießen Sie!

2 cl Limettensaft
300 g halbierte Erdbeeren
1 EL Zucker
6 cl weißer Rum
3 bis 4 Tassen Eis, zerstoßen
6 ganze Erdbeerfrüchte zum Garnieren

Limettensaft, Erdbeeren, Zucker und Rum im elektrischen Mixer vermischen. Zerstoßenes Eis dazugeben und weitermixen, bis eine glatte Mischung entsteht. Daiquiris in Gläser gießen und jeden Drink mit einer frischen Erdbeere garnieren.

Für 6 Personen

Erdbeer-Margarita

Auch eine Möglichkeit, den warmen Sommerabend einzuläuten. Ja, Sie haben richtig gelesen, Bier gehört dazu, es verbindet die unterschiedlichen Aromen.

6 cl Limettensaft
6 cl Bier
6 cl Tequila
2 Tassen Eiswürfel
250 g halbierte Erdbeeren
dünne Limettenscheiben und ganze Erdbeeren zum Garnieren

Limettensaft, Bier, Tequila, Eiswürfel und Erdbeerhälften im elektrischen Mixer vermischen, bis das Eis zerkleinert ist. In vier große Weingläser gießen und mit Limettenscheiben und Erdbeeren garnieren.

Ergibt 4 Drinks

Brombeer-Gespritzter

Brombeer-Sirup kann für vielerlei Getränke verwendet werden. Man kann ihn, mit Wasser oder Sodawasser verdünnt, auf Eis servieren, an den Punsch oder als Aromazutat zu Eiscreme-Soda geben.

Brombeer-Sirup:
1 kg frische Brombeeren
ca. 200 g Zucker (nach Geschmack)

¾ l Brombeer-Sirup
¾ l Mineralwasser
Zitronenschale, spiralförmig zum Garnieren
Eiswürfel

Für den Sirup die Brombeeren im elektrischen Mixer teilweise pürieren.
In einem Topf das Fruchtpüree aufkochen lassen, dann 5 Minuten köcheln lassen, bis sich Saft bildet. (Nehmen Sie einen Kochtopf aus Edelstahl oder Emaille, andere Metalle würden mit der Fruchtsäure chemisch reagieren.)
Das Püree mit einem Holzlöffel durch ein Haarsieb in eine Schüssel streichen, bis nur noch die Kerne zurückbleiben.
Fruchtsaft wieder in den Topf geben. Zucker nach Geschmack dazugeben. Aufkochen lassen und kochen, bis der Zucker sich aufgelöst hat. Mischung abkühlen lassen, in ein 1-Liter-Glas abgießen und zugedeckt in den Kühlschrank stellen. Der Sirup hält sich bis zu 1 Monat im Kühlschrank.

Ergibt etwa ¾ Liter

Für einen Gespritzten füllt man 6 Gläser mit Eis. ⅛ l Brombeer-Sirup in jedes Glas gießen. Mit Mineralwasser auffüllen und wahlweise mit Zitronenschale servieren.

Für 6 Personen

Ananas-Erdbeer-Smoothie

Wenn man etwas Erfrischendes mit viel Geschmack trinken möchte, das doch leicht ist – hier ist das Rezept.

200 g frische Ananas in kleinen Stücken
250 g Erdbeeren, frisch oder Tiefkühlware, halbiert oder in Scheiben geschnitten.
1 Banane, geschält und in Scheiben geschnitten
½ l Buttermilch
1 bis 2 EL Honig
3 bis 4 frische Minzeblätter
4 Eiswürfel
frische Erdbeeren oder Ananasstückchen zum Garnieren

Alle Zutaten außer den Früchten zum Garnieren im elektrischen Mixer glatt pürieren. In 4 hohe Gläser gießen und mit einer Erdbeere oder einem Ananasstückchen auf dem Glasrand garnieren.

Ergibt 4 Drinks

REGISTER

DANKSAGUNGEN

Ich möchte den vielen Menschen danken, die mir halfen, dieses Buch zu erstellen: meiner guten Freundin Sally Brown, die in jeder Phase des Projekts unermüdlich mit mir gearbeitet hat und mir eine große Hilfe war; den großen Damen der kulinarischen Welt, Maggie Waldron und Marion Cunningham, für ihre Freundschaft, ihren Stil, ihren Humor und ihre Führung; Meesha Halm, die eine wunderbare Lektorin war, für Geduld, Verständnis und Analyse und dafür, daß es eine solche Freude war, mit ihr zu arbeiten. Dank nicht zuletzt den Beeren-Bauern, voller Bewunderung für die Reichtümer, mit denen sie uns versorgen: Bill Richter, Richter Berry Patch in Puyallup, Washington; Granger Berry Patch in Granger, Washington und Berryworks in Corvallis, Oregon. Besonderer Dank geht an »den Probierer«, der während der vergangenen 30 Jahre einen Löffel in der Hand behielt, und an meine Familie und Freunde für ihre Unterstützung.

Collins und das Fotografenteam möchten dem Fotoassistenten Terry Greene danken, Laura Jerrard, Food-Styling-Assistentin; Kristen Wurz, Design- und Produktions-Koordination; und Jonathan Mills, Produktionsleitung. Dank auch an Helie Robertson, Barbara Spencer und Lindsey Hoopes, Location; Susan und Hans Nehme, Annette & Company: The Pavilion Antiques; Betty Jane Roth, Requisiten; Carmen Kozlowski und Kozlowski Beeren Farm und Eric Lafko von The Rocky Mountain Jam Company. Spezieller Dank geht an Michele Miller, Ed Haverty und Michael Schwab.